홀로

https://brunch.co.kr/@lyssmile

단편 '연'으로 한반도문학 2023년 신인상 등단.

연필을 들면 나는 사라집니다…글쓰기는 내 필선(筆禪)입니다

발 행 | 2024-02-19

저 자 | 이윤수

펴낸이 | 한건희

펴낸곳 | 주식회사 부크크

출판사등록 | 2014.07.15(제2014-16호)

주 소 | 서울 금천구 가산디지털1로 119, A동 305호

전 화 | 1670 - 8316

이메일 | info@bookk.co.kr

ISBN | 979-11-410-7240-7

본 책은 브런치 POD 출판물입니다.

https://brunch.co.kr

www.bookk.co.kr

홀로

이윤수 지음 (제6 문집)

〈홀로〉 책의 독자들을 위해서

다양한 경험과 숙고를 통하여 작가가 체득한 삶의 지혜와 깨달음을 홀로 외로운 영혼들과 함께 나누고 공감하며 새로운 희망을 찾고자 합니다.

2023년 한반도 문학 신인상으로 등단한 작가는 그 동안

시집 '바람', 수필집 '우물 밖 개구리', 장편소설 '귀로', 르포집 '나의 캐나다 문화 곁핥기', 난편연작소설 '고리'를 출간하였고

최근 캐나다에서의 생활을 바탕으로 따스한 시와 깊이 있는 사색이 담긴 수상을 모아서 6번 째 문집을 다시 세상에 내 놓습니다.

글이 쌓여갈수록 더욱 힘들고 무거움을 느끼면서도 어설프지만 정제된 글이 탄생했을 때의 기쁨을 독자들과 함께 나누고 위안을 얻을 기대감에 감히 다시 여러분 마음의 문을 두드려봅니다.

미숙한 표현이 많으나 부디 가벼운 미소로 어여삐 봐주셔서 독자님들의 소중한 시간을 낭비하고 고운 마음을 어지럽히는 죄를 저지르지 않기만을 바랍니다.

감사합니다.

CONTENT

시

다시 세상

어느 새벽 서러움이

스멀스멀 피어 오르는 강둑에 서면

단단한 피난처 하나

거북이 등딱지 같이 지고 다니다가

슬며시 숨어버렸으면 좋겠네

네가 한 말, 내가 한 그 파렴치한 짓들이

생 마음에 부끄러움으로 콕콕 박힐 때

은밀한 고백록 하나

소라껍데기 같이 언제나 품고 다니다가

슬쩍 거친 세상 풍파 피하고 싶네

세상이 그렇게 쉬웠으면 좋겠네

세상살이가, 먹고 또 고개를 들고 살자니

모진 놈 음흉한 놈 지밖에 모르는 놈 지만 잘난 놈

벗겨먹고 속여먹고 짓밟고 무시하는 너 그리고 나

그러나

큰 감사보다는 작은 아픔의 기억이 더 깊은 줄 알기에

절망의 심연 그 바닥을 박차고

인간의 이름으로 떨쳐 웃으며

다시 세상에

선다

惜別

보이지 않는 바람이 불어도

꽃 향기는 흩날리고

잡히지 않는 샘물이 흘러도

물길이 남거늘

네가 내 마음에 살다 간 그곳에

어찌 없겠는가

그리움 한 자락 쓰라림 한 방울…

저 별이

촛불보다 희미한 저 별빛이

저 먼 곳 누군가에게는 온 세상이듯이

내 숨결을 스치던 달콤한 속삭임과

내 심장에 철썩이는 너의 손길이

어찌 아니겠는가

우주보다 거대한 너의 흔적 나의 삶

그렇게

솔 숲 사이로 강물은 흐르고

이렇게

내 가슴에 구멍 하나 뚫리고

메우지 못할

아쉬움

멈추지 않는

섬뜩한 추락은

끝이 없구나 오늘도

폭포 아래에서

부수어 다오

나의 단단한 믿음을

수만 년 쌓아 올려 굳은 돌덩이

견고한 내 아집의 성을

무너뜨려다오

너의 그 부드러운 손길로

갈고 닦고 어루만져

내가 없어지는 그 순간까지

너의 그 장엄한 사랑으로

흐르게 하렴

보이지 않아도 남지 않아도

물보라 속에 흩어져

네 품에 녹아들어

저 낯선 바다 호수 강까지

어쩌면 사막과 숲에 젖어 드는 안개구름으로 …

스스로 부서지기엔

홀로 사라지기엔 내 안에

겹겹 화석 껍질이 얽혀있기에

네 앞에 엎드려 이렇게

나를 맡긴다.

*홍콩에서 발행되는 정기간행 문학지인 香港詩刊 2023년
10월호에 게재된 작품입니다.

回望我在瀑布下

請毀了它吧
我那堅定的信念
堆砌數萬年堅硬的石頭，請摧毀我那堅不可摧的城堡
用你那溫柔的手去磨礪、撫摸
讓你那莊嚴的愛流淌到我消失的那一刻
無論看不見或不留下，也在浪花裏散去
融入你的懷抱
直到那陌生的大海、湖水、江
也許是到偏單那沙漠與森林的霧靄中
我的內心有一層層化石皮縈繞著，
無法自已掙扎
無法獨自消失
所以我趴在你面前
把我交給你

李潤秀　畢業於中央大學英文系，延世大學學院英語教育系　2023 年登上《韓半島文學》新人獎，
（前）三星電器外匯經紀人、 外銀行外匯科長，文山女子高中教師，現加拿大旅遊業
詩集《風》，隨筆集《井外青蛙》， 創作小說《歸途》，報導集《淺當加拿大文化》

기나긴 밤

산새는 산이 좋아

산에서 울고

물새는 물이 좋아

호수로 날아가고

나는 네가 좋아

네 둥지에 갇혔는데

찬 이슬 젖어드는 새벽이 와도

식어버린 네 사랑은 돌아올 줄 모르네

오늘 밤도

未知天命

모르겠다 아직 그 말의 실체를

모든 존재에는 의미가 있다는

지극히 당연한 그 한마디에도

나를 탓하고 인간을 돌아보는 병신 같은 마음은

미운 사람 아픈 생채기 생길 때마다

안으로 더 안으로 움츠리는 달팽이

때로는

천국과 지옥의 경계가

마음 한 번 깜박이는 찰나에 있듯이

대게는

좋은 마음과 나쁜 사람의 구분도

배려심 하나로 명확한데

하얀 국화꽃 떨어진 자리에

보송보송 솜털 눈이 돋아나는 이치를

귀밑머리 파뿌리 되도록 깨치지 못하였다

그러나 곧 오려니 망각의 겨울 밤이

오늘 황혼엔 그저 네 곁에 앉아

연꽃 한 송이 바라보며 미소 짓는다

천하태평

이제부터는

나도

편안하게 살기로 했다

내키는 대로 나 좋으면 아무렇지도 않은

천하태평 즐거운 저 사람들처럼

나도 그만 신경 끄고 살기로 했다

노심초사 피해 줄까 고민도 하지 말고

당하고도 말 못 하고 끙끙거리지도 않고

받지도 말고 상처 따윈 안 주려 애 안 쓰고

좋은 말 착한 사람에 매달리지 말자

누가 과연 잘 사는 건지도 모르는 세상

나도 이제 물처럼 흐르는 곳 가는 데로…

담배를 끊듯이 유튜브를 끄듯이

그렇게 또 하루 매일 또다시

다짐하며 어루만지며 섞여 산다 사람 속에

아들

아들

나만 모르는 사이에 불쑥 자라 버린 아들아

네 넓어진 가슴에 내 사랑을 조금 담아도 되겠니?

그럼 나는 갈 테야

매일 아침 공항으로

기장이 되면 나의 인이가

조종하는 우아한 비행기가

은빛날개를 햇살에 반짝이며

파란 하늘로 날아오르는 멋진 모습을

바라보며 기쁜 하루를 시작할 거야

아들

어느새 나보다 크게 핀 아들아

네 그 튼실한 어깨에 내 꿈을 살짝 얹어도 되겠니?

그럼 나는 갈 테야

내일 저녁 항구로

선장이 되면 세상의 철이가

지휘하는 우람한 순양함이

금빛 선체를 석양에 물들이며

일렁이는 푸른 파도를 가르는 모습을

바라보며 행복한 하루를 마무리할 거야

아들

미안한 마음 고마운 말 굳이 할 필요도 없는

듬직한 내 아들들!

그리움

어찌할거나

노루잠 사이사이 햇살 선뜻 비치고

여린 벚꽃잎에 봄이 활짝 피어나면

나풀나풀 잎새마다

새겨진 너 너 너

어쩌면 좋아

마루너머 선들선들 하늬바람 불어오고

보랏빛 내음 따라 여름이 다가오면

라일락 꽃그늘 속

숨겨놓은 네 속삭임

어찌하려나

굽이굽이 가람물에 시나브로 비 내리고

함께 걷던 둔덕 따라 가을이 넘실대면

기쁨이 눈물 되어

흘러가는 네 바람을

어디로 갈거나

즈믄 마을 허위허위 하얀 눈 날리고

포근하던 네 가슴에 시린 겨울 덮이면

텅 빈 하늘 먼 에움길에

너는 펑펑 쏟아지니

어찌 하나 나는 이제

고독

홀로 강 가를 거닐며

쓰라린 겨울비를 맞으며

텅 빈 발길에 미어지는 그깟 외로움 때문에 오늘도 또 빈
술병 앞에서 눈물을 흘렸다면

아직 그리움을 앓았다고 말하지 마라

저 웃음이 햇살 화살로 날아와 초라한 마음에 박힐 때까진

늘어만 가는 빚의 무게에 숨 막혀

덧없는 노동에 지쳐

또 서러운 멸시에 밀려 인생을 저주하고 있다면

아직 아픔을 안다고 생각지 마라

이 삶의 유혹이 기차창 너머 스쳐 지나간 낯선 풍경이 될
때까진

이루지 못한 꿈

다하지 못한 사랑 부질없는 다툼과 배신

잃어버린 희망 따위가 그렇게도 괴롭고 힘이 든다면

아직 세상을 겪었다고 여기지 마라

어느 한 끼 밥상에 문득 네 영혼이 하늘로 날아오를 때까진

너도 가늠할 수 없는

나도 알 수 없는

깊고 깊은 넓고 넓은 길고 긴 그 끝이라고 생각했을 때도
끝이 아닌 그곳 그때

무너진 내 심장을 가시나무에 꿰어 걸고서야 비로소

너의 미소가 꽃으로 피어나는 벅찬 영원을 맞이하리라

행복의 조건

기억의 저 아스라한 심해에 잠겨

너를 보았다

허우적거리면

바닷속에도 또 계곡이 있고 더 깊이 아니 아주 잠깐

꿈의 이 희미한 안개 너머로

너를 만진다

팔을 뻗으면

따스한 너의 품 속에 부드러운 미소 매끈한 뺨

상상의 그 아련한 동굴 안에서

너를 안는다

힘껏 당기면

황홀하게 뛰는 가슴 까짓 어때 죽어도 좋아 오늘은

소망의 헛된 구름 먼 산 너머에도

네가 없다

몸부림쳐도

벗들의 싸늘한 웃음 말라버린 눈물 흔적도 없다

숙명

라면을 고르듯 마트에 가서

내 마음도 그렇게 선택하면 좋겠네

네 생각 한 그리움 가볍게 담았다가

쉽고 맛난 망각으로 바꾸면 되겠네

신발을 구경하듯 시장에 가서

네 미소도 그렇게 살 수 있음 좋겠네

감당할 수 있는지 주머니 사정 따지며

흥정하다가 안 내키면 옆 가게로 가듯이

멋진 양복을 맞추듯 백화점에서

네 꿈도 내게 내 고집도 네게

편하게 안 아프게 딱 맞으면 좋겠어

이렇게 힘든 단 한 벌이 아니라

내 별은 없다면 저 많은 별들 중에

어디로 갈지 여행상품 찜하듯

훌쩍 타고 떠났다가 즐겁게 놀다가

다른 별로 슬쩍 옮겨갈 순 없겠지

다름 - 그러나 같은

이것이

너와

나의

간극

행복하기 위해

사랑하는 자

사랑하기 위해

불행해지는 자

갖기 위해

애쓰는 자

이루기 위해

버리는 자

자신에게

진실한 자

너에게 바치는

착각

넘을 수 없는

살아서는 도저히 피할 수 없는

너와

나 사이의 거리

웃기지 않니

잠을 자야겠다고

내일 일찍 일 나가니 얼른 자야겠다고

생각할수록

잠은 자꾸 달아난다

안 자야겠다고

내일은 시험 날 밤새 공부하겠다고

다짐할수록

잠은 쉽게 찾아온다

잊어야겠다고

이젠 모두 끝난 일 새 출발 하겠다고

뿌리칠수록

넌 내 맘에 간절하다

잘하겠다고

한 번만 더 다시 할 수 있다면

잘할 수 있으리라는

이 도돌이표 망상!

부양 양육비 손익 계산서

아직까지는

1억짜리 Ai 로봇 자율주행차들보다

조금 더 좋단다 나의 운전 실력이

그래서 차 한 대 값 내 재능의 값어치는

오늘 하루 일을 하고

20만 원 벌었다

내 생애 3만 분의 1

내 하루의 총량은 호텔 하루 숙박비

내가 당장 죽으면

1억 2천을 받는단다 산재보험 생명값

평생 모은 재산은 빚 빼고 2억 원

모두 합해 3억 2천 내 삶의 결산액은

우리가 어쩌어찌 내일 헤어진다면

얼마 줄까 저 사람은 위자료란 명목으로

어떻게 매길까 우리 사랑 가치는

별이고 꽃이었던 내 마음의 가격은?

많을수록 좋겠지 적으면 억울하고! 힐!

청춘

나이가 든다는 것 늙어간다는 건

공평하게 찾아오는 여유나 인자함이 아니다

주름 늘듯 약해지고 아픈 것만도 아니며

시간 남고 할 일 없고 찾는 이 없는 것도 아니다

익숙해지는 것 새로운 게 없어지는 것

그것은 설레지 않는 하루 그런 것이다

눈 내려도 신나지 않고 걱정부터 되는 것

꽃이 피고 해가 떠도 기쁘지 않은 것

놀리면 웃기기보다 화부터 나는 것

실패하면 성나기보다 서글퍼지는 것

있어도 사라져도 별로 다르지 않은

죽음으로 한 발 한 발 익숙해지는 연습

그것이 척도다 시들어간다는 건

숫자가 아니다 그러하니 언제라도

멈춰다오 심장아 차라리 멈추어라

너와 함께 두근대던 그 가슴이 아니라면

쓰레기통

찌그러진 맥주 캔 뜯다 만 닭다리

쉽게 버린 욕망 잊혀진 쾌락

그럴 수도 있다 배가 고파서라면

어쩌면 행복을 훔칠 수도 있겠다

양심 슬쩍 버리고 속일 수도 있겠다

추워서라면 자존심 잠깐 버리고

옷 한 벌 털털 털고 입을 수도 있겠다

이해할 수 있다 너무 힘들어서라면

세상 일이 괴롭고 자신이 없고

서럽거나 억울해서 주저앉아 있다면

누구라도 언제든지 그럴 수 있겠다

하지만 그까짓 사랑 때문이라면

그 흔한 그리움 외로움 탓이라면

그래서 운다면 그래서 헤맨다면

도대체 모르겠다 왜 그래야 하는지

그렇지만 그래서 버려지지 않는다

하늘아래 단 하나 알 수 없는 것이기에

앙코르와트

이제는 돌무더기가 되어버린

옛 궁전 황금빛 노을이 물든 성벽 위

높다란 왕좌 위에 뛰노는 잔나비 무리를 보며

언젠가는 서글픈 조각마저 먼지로 사라질 날을 안다

영원할 줄 알았다

사랑해라고 속삭이는 너의 행복이

오늘도 내일도 언제까지나

나의 花樣年華일 줄 알았다

착각이었다

바라보기만 해도 빛이 나는 그 눈부신 얼굴이

다시 떠 오를 줄 알았다

밤이 지나면 아침에 해가 돋듯 다시 또다시 볼 수 있을 줄
알았다

그때는 미처 몰랐다

함께 있기만 해도 세상이 아름답고 설레던 그 순간이

겨울이 지나면 새싹 돋듯 잠시 후 다시 돌아올 줄 알았다

이렇게 그리운 그날이 마지막이 될 줄은

그때는 차마 깨닫지 못했다

추위

한 겹 유리창

눈에 잘 보이지도 않는 것이

세상을 가른다

살 아린 추위와 따스한 안락 또는 너와 나로

옷깃을 여미고 종종걸음을 쳐도 이젠

그 너머 포근한 불빛 곁으로 다가갈 수 없다

긴 밤의 뉘우침과 고요한 아침 기도를 다 바쳐도

도란도란 웃음소리를 들을 수 없다 창 밖에서는

홀로 있음이나 함께 살아가는 것이

그저 삶의 한 선택인 줄 알았다

너를 만난 그 순간

네가 온통 내 봄날을 휘저을 때까진

이렇게 추울 줄 몰랐다

너의 부재가

그렇게 전부가 될 줄 몰랐다

너의 의미가

자격

굳이

잘 살아야지만

행복할 수 있다면

봄밤 달빛 허공으로 흩어지는

달콤한 매화 향기가 가엾다

그렇게

바르게 하루 하루를 쌓아가야만

비로소 웃을 수 있다면

이유도 없이 불쑥 찾아와 내 마음의 잔을 채우던

네 여름 저녁도 덧없을 뿐이다

어쩌다

이 깊은 외로움이 네게도 있다면

가을 아침 햇살에 기러기 날아가고

삭풍에 나뒹구는 마른 잎새에도

부끄러운 눈물을 감출 필요는 없다

그저

얼어붙은 저 겨울 강물 아래

내 삶이 흐르듯

우리의 사랑에는

아무런 조건도 따라붙지 않기를

누구니 넌

꽃을 피우고

비를 내리고

세상을 얼리고

마음을 녹이고

별 밤을 걷게 하고

새 살이 돋게 하고

안아주고

열어주고

환하게 하고

신나게 하고

흐르고

벅차고

맛있게 먹게 하고

잠들수 있게 하고

나풀대게 하고

우쭐대게 하고

잊게 하고

생각 나고

미안하고

뿌듯하고

꿈꾸게 하고

꿈에 나오고

달리 보게 하고

멀리 가게 하고

뛰게 하고

쉬게 하고

설레이게 하고

깊이있게 하고

그립고

고맙고

힘솟게 하고

깨우쳐 주고

분노 하고

참게 하고

견디게 하고

북돋아 주고

기다리게 하고

달려가게 하고

나보다 더 나를 알고

나보다 더 나를 믿고

그냥 좋고

꾸밈 없고

함께 웃어도 주고

혼자 웃게 만드는

너는 누구니

내게 무어니

失恃

야속한 남편 만나

외로운 삶 한평생

이고 지고

한 시름

눈치에 서러움에

보따리 장사 30년

이 마을 저 동네

끝이 없는 굽이길

불쌍한 4남매 먹이고 입히고

또 그 잘난 공부까지 시켜는 보겠다고

아둥다웅 악다구니로 살다가 버티시다

미음 한 모금 못 삼키고 돌아가신 어머니가

어제는 꿈에 나와

나더러 나보고

자존심도 욕심이다 그냥 내려놓으라고

편안히 몸과 맘을 누이라 손짓했다

나도 그만 목을 놓고 엉엉엉 울다가

숨막혀 깨어나니 다시 또 이 세상!

가면 속에 시들어가는 막내 자식 여린 가슴을

어찌 알고 나더러!

이제 그만 오라고

쉬라고 하시네

새해

독설이 상처를 남길 수 있다면

격려는 당연히 용기가 되었다

저 물새 창공으로 솟구쳐 오르는 힘은

근육의 무거움이 아니라 깃털의 가벼움

삶의 동력은 아픔이 없어서가 아니라

희망과 즐거움과 사랑이 있기 때문

넋두리는 좌절을 낳고 망설임은 후회의 자식이다

앞으로 앞으로 새 해 뜨는 오늘은 떨치고 달려가자

가짜 꽃, 정직한 꼬리

꽃에도 가짜가 있다.

수국이나 포인세티아의 크고 화려하게 핀 꽃은 사실은 가
짜 꽃이다.

 이 꽃은 벌과 나비를 끌어들이기 위한 속임수이고 정작
암술과 수술을 가지고 열매를 맺을 수 있는 진짜 꽃은 가운
데에 있는 작고 초라한 꽃이다. 가면, 가발, 가식 등 모든
가짜가 그러하듯이 꽃도 가짜가 진짜보다 더 크고 화려하
고 다채롭고 위엄이 있다. 그래서 속기 쉽고 그래야 속는다.

 또한 서호주에 있는 망치 난초 꽃 주변에는 암 말벌 모양
을 한 가짜 꽃이 있는데 이는 수분을 매개하는 수 말벌을
유혹하기 위한 것이며 중남미의 바구니난초는 페로몬을
만들어서 난초벌에게 공급하고 수벌은 이것으로 암컷을
유혹한다. [리처드 도킨스, 마법의 비행] 어떤 새들은 포식

자로부터 둥지 속의 새끼를 지키기 위해 거짓으로 날지 못하는 척하기도 하고 어치와 다람쥐나 일부 영장류는 먹이를 차지하거나 숨기기 위해 도둑을 속이는 거짓 행동을 하기도 한다.

하지만 가짜를 만들고 속임수를 쓰는 대가 중의 최고는 바로 인간이다. 고도의 사회적 동물인 인간은 어쩌면 속임수를 쓰기 위해서 두뇌가 발달했는지도 모른다. 개인적으로 그리고 집단적으로 서로 속임수를 쓰고 속임수를 탐지하여 역공하는 능력은 육체적, 지적 능력과 더불어 권력 쟁취와 이성 유혹에 필수적인 능력으로서 이에 능숙한 자와 집단은 생존과 번식과 호사를 누릴 수 있다.

하지만 이러한 속임수는 눈에 보이지 않고 교묘하게 위장되어 있기 때문에 탐지가 어렵고 그만큼 그 속임수에 당했을 때의 물리적 피해와 심리적 충격이 매우 크다는 점은 유명한 '트로이 목마'의 역사적 사례에서도 알 수 있다.

따라서 가난, 과로, 폭력, 전쟁, 죽음 이런 것들처럼 원래부터 아프고 괴로운 것으로 인식되어 있는 것들보다 더 우리를 정신적으로 불안하고 힘들게 하는 것은 속임수인데 그 이유는 사랑과 믿음과 풍요로운 안정처럼 우리를 행복하게 하던 것들이 어느 날 갑자기 배신이나 재난, 사기라는 준비되지 않은 충격으로 다가와 뇌리 속에 깊숙이 똬리를 틀고 앉아 삶의 의욕과 희망마저도 야금야금 갉아먹기 때문이다.

그래서 나는 토요일 저녁 사랑하는 사람과 함께 맛있는 저녁을 먹고 집 앞 공원에서 산책을 하며 서쪽 산 등성이 너머로 구름과 햇살이 어우러지며 시시각각 미묘하게 변해가는 장엄한 붉은빛의 향연을 바라보는 그 평안하고 행복한 순간에도 '과연 이 편안함이 지속될 수 있을까? 저 사람은 믿을 수 있을까? 이 행복은 진짜일까?'라는 쓰잘대기 없는 걱정과 불안을 느끼기도 한다.

그러다 보니 반대급부로 우리 집 강아지의 꼬리를 보면서 한 없는 신뢰와 안정감을 느낀다. 왜냐하면 개는 주인을 배반하지 않고 특히 그 꼬리는 속임수를 모르기 때문이다. 강아지는 좋으면 꼬리를 살랑살랑 좌우로 흔들고 무서우면 꼬리를 감추고 기분이 좋으면 꼬리를 치켜든다. 강아지 꼬리는 좋으면서도 싫은 척, 싫으면서도 좋은 척, 알면서도 모르는 척할 줄을 모른다. 강아지 꼬리는 정직하다. 그래서 나는 나를 충실하게 따르는 내 개 덕분에 행복하고 그 정직한 눈과 꼬리가 좋다.

하지만 다시 한번 더 생각해 보면 이 가짜와 진짜, 정직과 거짓말은 어쩌면 인간이 만든 개념과 관점일 뿐 사실은 모든 것이 진짜인지도 모른다. 앞에서 언급한 '가짜' 꽃도 그 식물의 일부분으로서 벌이나 다른 수분의 매개자를 끌어들이는 역할을 충실히 한다는 점에서 '진짜' 꽃 '만큼' 진실

하다. 동물의 '거짓' 행동도 생존과 번식의 한 수단일 뿐이
므로 이를 부도덕하다고 비난한다면 먹고 마시고 싸고 짝
짓는 것도 '나쁜' 것이다. 그리고 인간의 가발과 화장과 성
형을 가짜라고 한다면 옷이나 온갖 장신구도 모두 속임수
이며 평판이 수반될 수밖에 없는 정직한 노력과 선행도 위
선과 구분이 모호해진다. 더욱이 배구나 축구, 권투 같은
스포츠에서 상대방을 속이는 feint motion은 속임수가 아
니라 찬사를 받는 기술의 일종이다. 전투에서도 정정당당
하게 자신을 드러내고 동등한 조건에서 싸운다는 기사도
는 이제 사라지고 위장하고 속이는 것이 당연한 전술과 지
략이 되었다.

   약간 논리적 비약 같지만 결국 모든 존재는 진실이며 진
짜다. 꿈과 상상과 말과 속임수도 엄연히 존재하는 것이다.
거꾸로 말하면 모든 '진짜'도 일시적이어서 언젠가는 사라
질 것이기 때문에 실체가 아니다. 즉 색즉시공 공즉시색(色
卽是空 空卽是色)이다. 이 말은 불가지론(不可知論,
agnosticism)이나 허무주의(虛無主義, Nihilism)를 말하
고자 하는 것이 아니라 '진짜'에 집착하지 말고 '가짜'나 '
속임수'에 불안해하지 말자는 것이다. 비록 세상에 AI를
악용한 딥페이크와 가짜 뉴스가 넘쳐나고 보이스 피싱 등
온갖 사기꾼이 득시글 득시글 하지만 속임수에 속는 것보
다 더 큰 피해는 믿지 못하고 불안해하는 기회손실의 비용

이 더 크다. 배신당할 것이 두려워 우정과 사랑과 인류애를 잃기보다는 차라리 한 번 더 속고 좀 더 아프자. 또한 다행히도 우리가 북한 하마스 같은 비이성적 체제하에 있지 않다는 것 그리고 크게는 인류가 이룩한 현 문명 시스템에 대한 신뢰가 없다면 우리의 생존이 한순간에 무너지며 작게는 속는 사람은 반드시 그에 상응하는 욕심이 있었기 때문인 경우가 대부분이라면 좀 위안이 될까?

그러니 속을까 봐 너무 의심하고 불안해하지 말고 다만 편견과 욕심을 버리자. 세상에 참과 거짓의 프레임을 씌우지 않고 존재를 있는 그대로 바라보고 믿는 것이 더 편안하고 행복하게 살 수 있는 비결이다. 자녀들에게 남을 믿지 말라고 가르칠 것이 아니라 스스로와 이웃을 믿으라고 가르쳐야 한다. 그리고 나도 스스로에게 정직하면 그만큼 속을 일도 적어진다.

믿자! 그럼에도 불구하고...

한자를 쓰는 이유

　나는 글을 쓸 때 일부러 한자를 섞어 쓸 때가 있다. 뜻을 명확히 전달하려는 의도도 있지만 한국어에서 53%에 이르는 한자어가 차지하는 비중을 무시할 수 없기에 현실적으로 한자교육과 사용이 필요하나고 보기 때문이며 죄근 문제가 된 문해력 부족 현상을 해결할 한 방법이라고 생각하기 때문이다.

　물론 문해력은 한자어 이해만의 문제는 아니고 문맥이해 즉 독해력 전반의 문제이다. 예를 들어 '甚深한 사과'를 깊은 사과가 아닌 심심해서 하는 사과로 해석한 것은 한자어 문제이지만 '사흘'을 4일로 안 것은 어휘력 문제이고 '이 정도면 떡을 치죠 '를 섹스의 속어로 받아들인 것은 문맥이해 부족이다.

　사실 중국은 한자 외에는 문자가 없고 일본의 '가나'는 그 음이 50개 정도라 한자사용을 병행할 수밖에 없지만 한글은 세종대왕님이 음운표기법을 잘 만들어 주신 덕분에 초성 중성 종성으로 19 자음과 21 모음을 무궁무진하게 조합하여 다양한 (이론적으로 19x21x19=7,581) (종성을 이

중음절로 치고 빼도 399) 발음표기가 가능하다.

　한글의 이러한 음운표기상 우수성은 McDonald의 표기만 봐도 쉽게 알 수 있다. 중국어는 '마이당라오(麥當勞)'라고 음차하고 일본어는 받침이 없어서 '마쿠도나루도(マクドナルド)'라고 표기하는데 한국어는 '맥도날드'로 거의 영어 원음에 가깝게 표기하고 발음할 수 있다.

　또한 한글 받침의 이중자음과 종성체계는 순수 소리글자인 영어 알파벳과 달리 뜻글자의 요소까지 있어서 (예를 들어 '나무'와 '남우', ' 앏'과 ' 암'은 발음은 같아도 뜻에 따라 글자 모양이 달라진다) 한 때 한글 전용까지도 시도할 수 있었다. 하지만 그것은 빗나간 민족주의의 발현인 측면이 있고 이미 정착된 한자어의 현실과 순수 언어학적 효용성만 본다면 필요한 경우 한자를 일부 병용하는 것이 의미 구분을 명확히 하고 다채롭고 깊이 있는 글살이에 도움이 된다고 본다. 그 이유로 한국어에는 중국어의 聲調가 없고 음절을 1대 1로 짧게 대응하여 한자어의 동음이의어가 더 많기 때문이다. 예를 들어 아래의 다섯 한자는 중국어로는 발음이 다르지만 한국어로는 동음이의어가 된다.

1성	2성	3성	4성	경성
妈	麻	马	骂	吗
mā	má	mǎ	mà	ma
	식물'마'	말	욕하다	의문조사

또 天, 川, 泉은 중국어로는 2음절로 발음이 모두 다르지만 한국어로는 역시 同音異義語가 되어 한글만을 쓰면 서로 구분이 되지 않는다.

세상에 쉬운 것이나 내 것만이 무조건 능사는 아니다. 때로는 복잡하고 다양하게 사는 것이 풍요와 발전에 필요한 것으로 감내해야 한다.

물론 한자병용과 한글전용론자 사이에 논쟁이 있는 줄 안다. 이 글은 어느 한쪽을 지지하자는 것이 아니라 둘 다 장단점과 일리가 있으니 (요약하면 한글 전용은 간편하고 쉽지만 한자어 이해에 한계가 있고, 한자병용은 배우기 힘들지만 명확한 의미전달에 좋다.) 이것이 선택의 문제이지 옳고 그름의 문제가 아니라는 점을 알리고 서로 이해하는데 도움을 주고자 함이다.

一部唯心造

得道 行道 道通

一切唯心造는 화엄경의 핵심사상을 이루는 말로 "모든 것은 오직 마음이 지어낸다"라는 뜻이다.

'朝聞道夕死可矣'는 里仁篇에 있는 공자의 유명한 말로. '아침에 도를 들을 수 있다면, 저녁에 죽어도 좋다.'라는 뜻이다.

나는 그동안 참 여러 곳에서 다양한 일을 하며 살았다. 막노동 육체노동 반복작업 정신노동 서비스업 전문직 교직 투자 외환 금융 건설 여행 운수 군사 더러운 일 힘든 일 지루한 일 스트레스받는 일 참는 일 비위 맞추는 일 조마조마한 일 권위 있는 일 부리는 일 복종하는 일 싸우는 일 위험한 일 은밀하게 하는 일 슬그머니 속이는 일 거짓 웃음을 파는 일 무서운 일 신나는 일 뿌듯한 일 자랑스러운 일 억울한 일 부끄러운 일 치사한 일 후회스러운 일 보람이 있는 일 설득하는 일 계산하는 일 만들어 내는 일 고안해 내는 일… 등등… 그런데 그중 어느 것 하나도 쉬운 일은 없었다. 겉으로는 좋고 편안해 보이는 일도 나름의 고충은 다 있었다. 천하에 만고 땡이라는 은행도 실적을 내야 하는 부담이 있고 큰 소리 빵빵 치는 대기업에도 접대부담이 있으며 하다못해 철밥통 교사도 반항학생 학부모 교장 교육청 갑질과 승진알력이 있었다. 지금 하고 있는 외국 여행업도 남들이 물으면 '그럼요. 좋은 곳에 놀러 다니며 돈도 버니 참 재미있어요 '라고 웃으며 말하지만 사실은 다양한 사람들의 취향을 맞추어서 즐겁게 해 주기가 어디 쉽겠는가? 같은 곳을 들러도 어떤 사람은 아쉽다고 시간을 더 달라고 하고 다른 분은 빨리 호텔로 가서 쉬고 싶다고 한다. 이러니 손님을 웃게 하려면 그만큼 가이드 속은 문들어져야 한다. 그런 신경을 안 쓰려면 사무실에서 복잡한 일정계획을 짜거나 나와서 운전을 해야 하는데 매일 10시간 정도 운전대에 앉아 있으면 지루하고 졸리고 결리고 좀이 쑤시고 답답해서 미칠 지경이다. 더욱이 능력이 없으니 성실 하나로 버티면서 깐에는 잘해보겠다고 평생 지각 조퇴 결근을 한 번도 안 할 정도로 결벽성 완벽주의 ' 더러운' 성격을 가진 탓에 스스로를 끊임없이 볶아대니 어디 아무리 건강체질이라도 견딜 수 있겠는가?

그래도 버텨내기 위해서 나는 그 비결로 힘든 일과에서도 좋은 면 하나를 찾아내서 그걸 버팀목으로 삼는다. 찾아보면 어디에서나 좋은 점은 반드시 있었다. 심지어 50톤 트럭에서 오물을 치울 때에도 운수사업과 캐나다 정착의 성공을 바라며 버텼고 더운 날 천리행군을 할 때도 휴가 나가서 애인을 만나 수박 팥빙수를 먹을 상상이 힘이 되었다.

지금도 새벽 5시에 일어나 8시간째 운전을 하고 있으니 너무 힘들다. 바쁜 여름이라 쉬는 날도 없어서 피로가 누적되어 돈이고 보람이고 뭐고 다 때려치우고 우선 살고 봐야겠다는 생각이 불쑥불쑥 든다.

그래서 이어폰을 꺼내서 음악을 들으며 커피를 한 잔 사서 마신다.

갑자기 경치 좋은 창 넓은 카페에 앉아 있는 것 같은 기분이 짧게나마 든다. 어디 카페가 별 건가? 앉아서 음악 듣고 차 마시며 풍경 바라보는 건 마찬가지 아닌가?

정말 모든 것은 마음먹기 나름인가?

나는 어릴 때부터 의문이었던 숙제가 하나 있었다. 원효대사가 당나라 유학 길에 나섰다가 밤에 동굴에서 바가지에 있는 시원한 물을 마셨는데 아침에 그 바가지가 해골이었다는 것을 알고 구역질을 한 후 一切唯心造의 깨달음을 얻었다는 고사를 읽고 나도 나름 감동했다. 그래서 아들의 이름에도 曉자를 넣었고 마음으로 현실의 모순과 어려움을 극복할 수 있는 진리를 탐구하고 갈구했다.

어린놈이 무슨 청승이냐고 하겠지만 나 나름으로는 꽤 진지했다. 어쩌면 그 말을 믿고 싶었는지도 모른다. 종교에 심취한 나의 아버지는 돈에는 관심이 없었고 생활고에 시달리던 어머니의 원망 사이에서 현실적으로 무기력했던 나는 그 암울함을 벗어날 희망을 갖기 위해서는 정신승리라도 필요했다. 그러나 마음을 바꾸는 것 만으로 실제로 해결되는 문제는 거의 없었다.

그래서 대학생 때는 정반대로 헤겔과 마르크스의 변증법적 유물론과 사적 유물론에 빠져버렸다. 세상은 마음먹은 대로 순탄하게 결정되는 것이 아니라 물적 토대와 모순이 오히려 제도와 마음을 움직여온 역사라는 이론이 훨씬 합리적이고 설득력이 있었다.

하지만 사회에 나와서 좀 더 세상을 경험하다가 보니 물질적 기반이 갖추어진다고 해서 평화와 풍요와 행복이 보장되지도 않을뿐더러 인간의 무한한 욕구를 모두 충족시키는 것은 원래부터 불가능하다는 것을 알게 되었다. 물질적 조건과 인간의 대응을 나타내는 '쌀독에서 인심 난다'(유물론)와 ' 99 섬지기가 1 섬지기 것을 빼앗아 100 섬을 채우려 한다'(유심론)는 말은 서로 모순되지만 현실에서는 둘 다 가능하다.

그럼 어떻게 하라는 말인가?

무슨 짓을 하더라도 원효 할아버지가 와도 마음만으로는 어떤 물도 만들어 낼 수 없다. 마음만으로는 해골 물이든 샘물이든 물 자체를 저절로 만들어 낼 순 없다. 그러니 일단 먼저 물은 있어야 한다. 그렇다고 물의 필요와 조건이 모두의 마음을 천편일률적으로 규정하는 것도 아니다. 우선 물의 존재 여부와 상태가 물을 구하는 마음을 움직이고 그 다음에 자유의지를 가진 각 개인의 마음이 하는 일은 물을 뜨러 갈 결심을 하고 적당한 물통을 골라 최적의 경로로 물을 떠 오고 도중의 난관을 견디며 해결하고 그 물의 최적 가치를 해석하여 분배 활용하고 만족하고 기뻐하고 분쟁을 조정하고 적당한 선에서 멈추는 것인데 그 대응은 사람마다 제도마다 다르다. 결국 세상 만물의 이치가 그러하듯이 정신과 물질은 어느 한쪽이 상대를 일방 지배하는 것이 아니라 상호작용하므로 그 기전을 밝혀 물질과 마음이 조화롭게 긍정적 영향을 주고받으며 함께 가도록 해야 한다. 다시 말해 一切唯心造가 아니라 一部唯心造가 정답이다. 그래서 주희도 中庸을 최고의 道라고 하지 않았겠는가?

좀 지루하겠지만 아직 끝이 아니다. 공자가 진리를 갈구한 절박함은 이해할 수 있지만 그는 중요한 사실 한 가지를 빠뜨렸다. 즉 아는 것과 실천은 별개이며 동시에 서로 연결되어 있다는 사실이다. 아는 것 만으로는 부족하고 또 실천이 불가능한 진리는 가설에 불과하므로 앎과 실천을 동시에 고려했어야 한다. 아침에 도를 깨달았으면 저녁에 죽어도 좋은 것이 아니라 내일도 모레도 그 도에 따라 잘 살아야 그 도가 참임을 입증할 수 있다. 이 이야기를 자세히 하자면 또 길어진다. 원효가 속세로 돌아와서 요석공주랑 사랑을 하고 설총을 낳고 포교하며 산 의미도 알아야 하고 득도에 이어지는 頓悟頓修 頓悟漸修 논쟁 그리고 성리학의 理氣 논쟁, 서양철학의 이데아 형이상학 논쟁, 공리주의 실용주의를 소환하고 주기도문의 '하늘의 뜻이 땅에서 이루어지'는 뜻도 생각해야 하기 때문에 굉장히 복잡하다.

그래서 반대급부로 '愚公移山'이나 '성자가 된 청소부'류의 지극한 정성의 실천은 이론과 깨달음이 없이도 하늘을 감동시킨다는 류의 직관적인 이야기가 더 마음에 와닿기도 한다.

하지만 이것도 현실에 부닥치면 그저 소원성취를 비는 돌탑 쌓기처럼 어리석은 헛수고나 비숙련 노동자가 하는 수없이 많은 하찮은 일로 치부되는 경우가 대부분이고 '그래 비록 너희들이 받는 대우는 시원찮지만 모두 인류와 사회를 위해 가치 있는 일을 하고 있는 거야'라는 식의 노동착취의 정당화나 하층계급의 불만을 달래는 속임수로 악용될 수도 있다.

그러므로 실천을 언급할 때는 또 한 번의 깨달음과 결단이 필요하다. 즉 남들이 뭐라고 평가하든 아무도 알아주지 않더라도 스스로 자신이 하는 일에 의미를 부여하고 만족과 행복을 느낄 수 있어야 한다. 옳은 것을 알고 바르게 그러면서도 행복하게 살기란 쉽지 않다. 그래서 나는 힘겨울 때는 (가야 할 길이라면 도피를 하지 않고) 일상에서 음악과 차 한 잔의 작은 여유를 즐기기도 하면서 고행을 하는 자세로 내적 성숙을 추구하고 기뻐한다.

  삶의 행로에는 좁은 길에서만 얻는 것이 있고 시련을 통해 이루어지는 것도 있기 때문이다. 다만 그 진리를 깨닫고 실천하지 못하면 시련은 그저 고통이고 좁은 길은 단지 불편한 난관일 뿐이다.

오십 보 백 보

논리의 한계

　다르다. 절대 같지 않다. 오십 보와 백 보는. 엄청난 차이다. 오히려 오십 보와 백 보의 물리적 거리 그 이상으로 큰의미가 있다. 그것은 바로 백 보 도망간 지는 제일 먼저 도망친 자이기 때문이다. 그가 있었기에 오십 보를 도망가는사람이 생긴 것이다. 전쟁터나 데모대나 응원단 등 군중 속에 있어 본 사람은 안다. 군중심리에서 처음 움직이는 사람이 얼마나 중요한지를! 군중 속에서 한 사람이 어떤 방향으로 뛰기 시작하면 다른 사람들은 이유도 모르고 따라가는법이다. 더욱이 두려움에 사로잡힌 사람들은 판단이나 생각을 할 겨를도 없다. 이것은 사람들이 맹수나 적으로부터공격을 받았을 때 살아남기 위해서 익힌 오래된 직감일 뿐만 아니라 생명체의 DNA 속에 깊이 뿌리 박혀 있는 본능이다. 살기 위해서는 무리 속에 있어야 한다. 고립되거나무리에서 떨어진 외톨이는 쉬운 먹잇감이 된다. 그러기에지도자의 역할이 그만큼 중요하고 미국과 한국에서 장교교육의 모토를 '나를 따르라'라고 가르친다. 하지만 전우들이 바로 옆에서 죽어가는 그 현장의 공포와 위험을 무릅쓰고 방어선을 지키고 적진을 향해서 한 발 한 발 전진하는것은 결코 쉬운 일이 아니고 엄청난 용기와 신념과 각오가필요하기에 고대 로마에서부터 현재 미국에서도 전장을끝까지 지키며 전우를 구하고 적진에 처음으로 뛰어든 용

사들에게 훈장을 수여하고 그 명예를 칭송하는 것이다. 한 편 이러한 본능이 얼마나 비이성적인지는 이태원과 전 세 계에서 일어나는 수많은 압사사고의 사례에서도 잘 알 수 있다.

원래 오십 보 백 보의 고사는 '맹자(孟子)·양혜왕(梁惠王) 상(上)'에 나오는 격언으로 '피장파장'이나 '똥 묻은 개가 겨 묻은 개를 나무란다.'는 말처럼 '다른 사람의 잘못을 비 웃어도 자기도 같은 잘못을 하는 것에 정도의 차이만 조금 있다'라는 뜻인데 이는 올바른 판단이 아니다. 오히려 자신 의 잘못을 명확히 가리지 않고 상대방의 흠을 들추어서 자 신의 과실을 덮으려는 전형적인 '물타기'수법이며 잘못을 저지른 자의 반성 없는 비겁한 변명에 불과한 궤변이다. 양 비론은 정의가 아니다. 그 외에도 '우리는 모두 죄인이다. 그러니 누구도 다른 사람을 단죄할 자격이 없다. 죄가 없는 자만이 간음한 여인을 돌로 칠 수 있다.'는 종교적인 멋진 말도 같은 맥락에서 악용될 소지가 있다.

그리고 '열 번 찍어 안 넘어가는 나무 없다.'는 말과 '누울 자리를 보고 발을 뻗어라.'는 말

'일찍 일어나는 새가 먹이를 먹는다.'와 '일찍 일 어나는 벌레가 잡아 먹힌다.'

'잘 될 나무는 떡잎부터 알아본다'와 '대기만성 '

68

'알아야 면장,' '모르는 게 약'

'백지장도 맞들면 낫다,' '사공이 많으면 배가 산으로 간다'
등등

서로 대조해 보면 상반되는 모순이 왜 개별적으로 보면 맞
는 말이고 설득력이 있을까? 어떻게 해서 이런 궤변들이
통하는 것일까? 답부터 말하자면 세상 경험이 부족한 젊
은이들이 자주 저지르는 실수처럼 '전체를 보지 못하고 부
분만을 보며, 사실을 무시하고 말장난에 빠지기' 때문이다.

이런 궤변의 뿌리는 깊다. 기원전 480년 경에 활동한 프
로타고라스로 대표되는 고대 그리스 시대에 언변에 뛰어
난 철학자들 즉 '궤변가'('소피스트')들이 활약했고 중국에
서도 춘추 전국 시대 수많은 학파(學派)들 중 名家로 불리
는 사람들이 있었는데, 이들은 교묘한 궤변으로 이름을 날
렸다. 예를 들면 '어떤 사람이 남의 소를 훔쳐 갔다. 관가에
서 그를 잡다가 왜 남의 소를 훔쳐 갔느냐고 신문(訊問)
하였다. 그 사람이 대답하였다. "제가 길을 가는데, 길에 웬
쓸 만한 노끈이 떨어져 있었습니다. 그래서 그 노끈을 주워
가지고 집으로 간 것뿐입니다. 소는 잘 모릅니다." 길에 떨
어진 노끈을 주웠는데, 노끈에 소가 매어져 있는 줄은 몰랐
다. 그러니까 소를 훔치려 한 것이 아니고 소를 못 본 것뿐
이니 죄가 없다고 주장'하는 식이다.

이처럼 듣기에는 그럴듯한 궤변이 실제로 통하고 사람들을 미혹시키는 것의 근본적인 문제점은 그것이 현실과 괴리되어 있는 선전선동이 되어 사회의 문제점을 왜곡하고 잘못된 해결책을 제시함으로써 사태를 더 악화시킨다는 점이다.

원래부터 세상은 그렇게 논리적이지 않다. 세상 만물의 이치는 워낙 오묘하여 인간의 이성과 논리적 사고로 다 이해할 수 없다. 예를 들어 인간의 심리는 가장 비논리적인 것의 대표주자다. 사람은 '오기'로 자신에게 불리한 선택을 하기도 하고, 알 수 없는 비논리적인 이유로 '사랑'이란 걸 한다. 꿀벌의 군집이나 어미의 새끼 돌봄처럼 이기적 유전자를 가진 개체가 이타적인 행동을 하는 것도 논리적이지 않고, 엔트로피를 부분적으로 감소시키는 생명현상 자체부터가 존재론적으로는 비논리적(쉽게 말해 안 태어나고 안 살면 평안한데 왜 생명체는 힘들게 아등바등 살아가는가)이다. 아파트 값이 과열되었다가 냉각되고 호황과 불황이 반복되는 경제현상도 비이성적이며, 어떤 사람은 성실하게 사는 데 가난하고 누구는 가만히 앉아서 돈과 권력을 대대로 누리는 것도 비합리적이다. 입자와 파동의 성질을 동시에 가지는 광자의 움직임도 비논리적이며, 미시세계에서 동시에 다른 곳에서 확률적으로 존재할 수 있는 양자도 비논리적이고, 거시적으로 시간과 공간이 휘어진 우주

공간도 인간이 논리적으로 이해할 수 없다. 모든 종교적 위안은 비논리적이며, 먹고사는데 직접 도움이 안 되는데도 이렇게 글을 쓰고 읽게 하는 우리의 쾌감과 뇌도 어떻게 보면 제정신이 아니다. 그런데도 논리만으로 세상 이치를 깨쳤다고 착각하는 데 문제가 있다.

  한국에서도 한 때 2000년을 전후하여 '논리야 놀자', '난쟁이가 쏘아 올린 작은 공' 등 운동권을 중심으로 논리를 배우자는 열풍이 불었고 심지어 대학 입시에도 '논술'이 등장하여 운동권이 사교육 학원가로 진출하는 진풍경이 펼쳐지고, 정치권뿐만 아니라 사회 전반에서 논쟁과 논리로 모든 문제의 답을 찾으려는 풍조가 생겨 소위 말발이 '쎈' 논객들이 인기를 얻고, 논리에 집착하고 논리에서 이긴 사람들의 주장이 정책으로 받아들여지는 현상이 지금까지도 이어지고 있는 데, 이는 현장을 외면한 '탁상행정'이 될 위험성이 다분하다. 사실 그들은 자신들이 현장 경험과 전문 지식이 부족하다는 약점을 논리와 사유와 이론으로 덮으려고 한 것이다. 이는 이론적으로는 완벽하지만 실현이 불가능한 공상에 불과한 공산주의 사상과 마찬가지로 처음부터 실패가 예견된 것이다. 즉 얼마 전 시장을 거스르는 이론적 규제의 남발로 실패한 부동산 정책이 대표적인 사례로, 현실을 올바로 이해하려는 이론이 아니라 현실을 공상으로 이끌어 가려는 이론이어서, 근본적으로 비논리적인 세상을 논리라는 사람의 생각만으로는 바꿀 수 없기 때문이다.

따라서 지속이냐 침체냐의 기로에 서 있는 대한민국이 모처럼 얻은 호기를 놓치지 않고 더욱 발전하기 위해, 그리고 공리공론과 이기적 당파싸움에 몰두하다가 백성의 삶을 도탄에 빠뜨리고 세상의 진보를 쫓아가지 못하여 나라마저 잃은 조선말기나 북한의 전철을 밟지 않기 위해 우리에게 지금 필요한 것은 이상주의자들의 감상적 선동과 이론가들의 말싸움이 아니라 현장과 민생과 과학을 중시하는 實事求是가 다시 한번 정답이다.

'말이 안 되더라도 그것이 현실이라면 인정하는 것'에서부터 모든 행복이 시작된다.

황금열쇠

통화량과 인플레이션의 인과관계 난제

　세상은 아니 우주는 인간이 이해할 수 없는 현상들로 가득 차 있다. 무심코 지나치면 당연한 것 같지만 호기심과 의문을 가지고 바라보면 알 수 없는 것들이 너무나 많다. 해와 달은 왜 뜨고 지며 구름은 어떻게 흘러가고 눈과 비가 내리는 이유는 무엇이며 가뭄과 홍수를 막을 방법은 없는지... 사람은 왜 태어나고 늙고 병이 들고 죽으며 죽은 뒤에는 어떻게 되는지... 우리는 왜 사랑을 하고 미워하고 때로는 즐겁고 때로는 괴로운지... 세상과 우주를 움직이는 근본 원리는 있는지... 있다면 그것이 무엇인지...

　그 의문을 열거하자면 끝이 없기에 사람들은 고대부터 철학적으로 또는 종교적으로 그 궁극적 해답을 찾으려고 노력해 왔고 한편 과학적인 탐구와 논리로 설명을 하며 그 비밀의 문을 하나씩 열고 답을 규명해 냈다. 예를 들어 불교의 교조인 석가모니는 고행과 사색 끝에 인간의 생로병사와 희로애락의 원인을 깨우치고 연기설을 주창했으며, 반면 과학적으로는 1677년 Leeuwenhoek 이 정자를 관찰함으로써 왜 사람이 부모를 닮아서 태어나는지에 대한 의문이 풀리기 시작했고, 17세기 Robert Hooke으로부터 시작된 세포생물학이 생물이 늙는 이유를 설명하고, 1861

년 Pasteur가 발표한 '자연 발생설 비판'이 질병의 원인규명과 치료를 가능하게 했으며, 1978년에 Elizabeth Blackburn가 염색체 끝의 텔로미어(telomeres)를 발견함으로써 생명체가 죽을 수밖에 없는 숙명임이 밝혀졌다. 또한 인간의 감정도 뇌과학과 생리학이 그 기전을 밝히고 일부 조절할 수도 있게 되었다.

그 외에도 Darwin의 진화론과 Watson의 DNA 구조 규명은 생명체가 다양하게 번식하고 멸종하고 새로 생겨나는 원리를 밝혀냈으며, 고대 그리스의 데모크리토스에서 시작되어 돌턴과 주기율표를 만든 멘델레에프로 이어지는 원자론은 세상 만물을 이루는 물질의 근본 구조를 밝혀냈고, 뉴턴과 아인슈타인은 지상과 우주의 운동법칙을 찾아냈으며, Alfred Lothar Wegener의 '대륙이동설' 덕분에 지진과 화산과 땅의 생성원리를 알게 되었고, 산업혁명과 녹색혁명을 가능하게 한 과학적 발견과 발명 덕분에 인류가 추위와 굶주림에서 해방되었으며 인문주의와 자유민주 체제의 정착으로 인간다운 삶을 누리고 맥스웰과 페러데이의 '전자기학' 덕분에 우리가 오늘날 풍요로운 전기 전자 문명의 혜택을 받고 이렇게 인터넷으로 영화도 보고 글을 쓰고 읽으며 전지구적으로 모든 사람들과 실시간으로 생각을 교류할 수도 있게 되었다.

인류가 이룩한 이러한 성과와 진보는 얼핏 보면 비약적으로 일어나는 것 같지만 조금 길게 보면 모든 것이 마치 양파껍질을 까듯이 하나하나 점진적으로, 반드시 이전의 시행착오와 성과를 바탕으로 하여 다음 단계의 발전이 일어나며, 양자역학과 초전도 핵융합 발전 등 많은 분야에서 아직도 계속 숙제가 풀려가고 있는 중이다. 그럼에도 불구하고 어떤 큰 발견이 이루어졌을 때는 많은 사람들이 그것이 끝이라고 생각하고 마치 성배나 황금열쇠라도 발견한 양 '드디어 궁극적인 원리를 발견하고 알았으니 더 이상 다른 말은 들을 필요가 없다'라고 믿고 착각하는 경우가 있다. 히틀러 추종자나 공산주의자 그리고 이슬람 극단 테러분자들에게서 볼 수 있는 이러한 맹목적 신념은 그들의 폭력성과 결합하면 무지함보다도 더 인류의 평화와 공존에 위협이 되는데, 우리는 '반공'으로 모든 것을 정당화하거나 반대로 386 운동권 세대들이 한 때 낡고 실패한 마르크스의 '자본론'과 '노동가치설' 그리고 '역사적 유물론'을 교조적으로 믿고 그 시각 만으로 모든 것을 판단하고 실행하는 오류를 저지르는 것을 지켜보았다.

이처럼 경제학에 있어서도 한 때는 마르크스 경제학이 세상의 모든 문제를 설명하고 해결할 궁극적 진리이고 정의이므로 이를 따라야 양심 있는 진보적 지식인이라고 치부될 때가 있었지만 다른 분야와 마찬가지로 경제학도 현상의 문제 해결책을 찾기 위해서 계속 새로운 이론이 나오고 소위 '신자유주의'나 '신자본론'으로 진영 간 재격돌을 하는 경우도 있다. 그런데 최근 경제학에서 풀리지 않는 난제 중의 하나는 총생산 증가를 초과하는 통화공급은 인플레이션을 유발하는 것이 당연한데도 불구하고 지난 2008년 금융위기와 2020년 코로나 팬데믹 때 통화량이 세계적으로 엄청나게 늘어났음에도 (2022년 2월 현재 전 세계 통화량 M2는 약 102.4조 달러로 2003년 보다 5배 정도 급증) 같은 기간에 인플레이션은 연평균 3-4%로 통화량 증가 만큼 비례하여 발생하지는 않았다는 사실이다. 그래서 무제한 통화공급을 해도 좋다고 주장하는 어용 경제학자들이 등장하여 포퓰리즘 정치가와 결탁하여 지원금 명목으로 선심을 쓰듯이 돈을 마구 풀어대기 시작했다. 즉 2008년 별명이 '헬리콥터'가 된 버냉키 미국 연준 의장이 시도한 3차 양적 완화 이후로 전 세계 경제는 이 돈 풀어대기의 힘으로 굴러갔는데 소위 경제의 마약이라 불리는 이 양적완화를 끊지 못해 2010년대 이후로 지속적으로 투기 자산에 돈이 몰렸고 코로나 이후에는 이전과는 비교도 안 되는 급격한 속도로 시중에 유동성이 풀려 버블이 정점에 달했고

금융위기 이후 연준의 지급준비금 추이

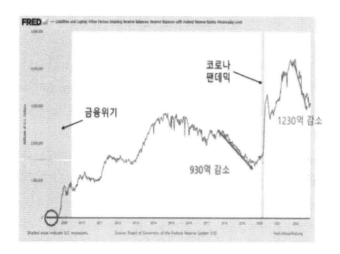

출처=연준

(지난 2년간 금 $1200/온즈 에서 $1900으로, 미국 주식
27,000에서 36,000으로, 서울 주택부담지수 166에서
203(소득의 54%)로 급등)

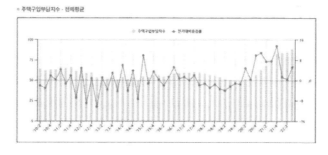

출처 세무사신문 23년 1월2일

이는 (공급망 위기와 러시아-우크라이나 전쟁과 더불어) 또한 2023년 시작된 물가 상승의 후폭풍을 초래하였다.

하지만 이러한 양적완화의 부작용에는 일반 대중들이 잘 알지 못하는 함정이 있는데 그것은 연준에서 2%대를 통제 목표로 하고 다른 국가들도 추종하는 인플레이션 통계가 소비자 물가지수 (Consumer Price Index)에서 변동성이 큰 원자재 관련 품목들을 뺀 나머지의 가격 변동을 지수화 하여 나타낸 근원물가지수 (Core Price Inex)라는 점이다. 이것은 (미연준 의장 번스가 1970년 닉슨 등의 정치 세력 에 휘둘려 물가가 오르는 상황에서 긴축정책을 쓰지 않고 통화팽창정책을 지속하려니 인플레이션 수치를 가능한 낮 게 보이게 하여 그들의 이익과 대중의 인기에 영합하는 과 정에서 만든 개념이며 나중에 그 결과로 나타난 고물가를 잡기 위해 후임인 볼커가 살해위협을 무릅쓰며 인기를 포 기하고 20%에 육박하는 초고금리 긴축정책을 쓰는 고통 을 감내할 수밖에 없었던 것으로) 얼핏 보면 이론적으로 서 민들의 삶에 직접적으로 영향을 미치는 물가를 잡는다는 점에서 일면 타당한 것처럼 보이지만 사실은 식음료와 유 가 그리고 집값 상승률이 배제되는 등 서민의 체감 생활고 와 괴리되고, 자산가격의 증가를 무시함으로써 장기적 거 시적으로 보았을 때 소위 '거품경제' 붕괴라는 더 큰 문제 를 야기할 수 있는 것이다.

그럼에도 불구하고 언론과 정치권이 소비자 물가 상승에는 큰일이 난 것처럼 호들갑을 떨면서도 부동산과 주식 등 자산가격의 상승에는 소위 '호황'이라는 긍정적 의미를 부여한 채 방치하는 것은 힘 있는 자산가의 이익에 부합하여 대중을 속이는 것이며, 바로 난제인 통화공급과 물가상승 비상관 현상의 원인을 설명하는 답이기도 하다. 비록 주류 경제학에서는 아직 인정하지 않지만 내가 보기에는 풀린 돈이 소비로 가는 것이 아니라 물가통계에 잡히지 않는 자산가의 투기 투자금으로 더 많이 가기 때문에 물가상승률보다 자산가격 상승률이 더 높아지고, 자본이득이 노동이득보다 상대적으로 더 커져서 결국 빈부격차가 심화되어 (세계불평등연구소(World Inequality Lab)의 보고서에 따르면 2020년 억만장자들의 재산이 역사상 가장 가파르게 증가했고 반면 약 1억 명의 사람들은 극심한 빈곤에 빠졌다. 현재 상위 소득 10%는 전 세계 소득의 52%를 차지하고 있지만, 하위 50%는 8%에 그친다.) (한국에서도 2023년 국가총부채와 가계부채가 각각 1000조 원을 넘어서고

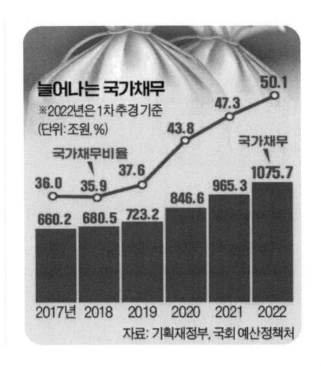

늘어나는 국가채무
※2022년은 1차 추경 기준
(단위: 조원, %)

국가채무비율

국가채무

36.0 35.9 37.6 43.8 47.3 50.1

660.2 680.5 723.2 846.6 965.3 1075.7

2017년 2018 2019 2020 2021 2022

자료: 기획재정부, 국회 예산정책처

동시에 초과저축도 100조 원이 넘도록 증가하는 기현상이
나타나고 있다) 장기적으로 경제와 사람들의 삶 전체가 일
순간에 무너질 위험요소가 더 많아지는 것이다.

결론적으로 세상을 한 마디로 규정하고 설명할 수 있는
이론은 없으며 문제에 대한 해결책은 모두 일시적이므로
항상 경계하고 탐구하여야 하며 특히 공짜로 베푼다거나
듣기에 그럴듯한 주장은 오히려 진실을 호도하는 선동일
가능성이 더 많다. 그러니 세상을 제대로 보고 바르게 살기
가 그렇게 만만하지 않다.

그러나 이 글의 힘이 비록 미약하지만 최소한 소위 '근원 물가'라는 통계로 진실을 숨기는 현재 기득권자들의 속임수를 한 사람이라도 더 깨닫고 가능하면 여론을 형성하여 경제적 포퓰리즘을 멈추고 보다 안정되고 복된 미래 세상이 될 수 있는 한 계기가 되기를 바란다.

글을 읽지 않는 이유

글을 쓰는 자세

내가 글을 발표하고 책을 내기 시작한 이후로 나는 다른 사람의 글을 읽지 않는다.

그러니 내가 구독하는 작가도 없고 당연히 나의 구독자 수에도 크게 개의치 않으며 내 글에 대한 평가에도 초연하려고 노력한다.

건방지다고 생각할 분도 있을 것이고

어줍지 않은 내 글에 관심을 가지고 구독과 좋아요를 눌러주시는 독자분들께는 죄송하지만

나는 다음의 이유로 집필 중에는 다른 사람들의 글을 읽지 않는다.

1. 다른 사람의 글을 읽다 보면 나도 모르게 좋은 아이디어나 표현을 모방하고 싶은 유혹을 느끼고 은연중에 영향을 받는다는 것을 깨달았다. 그래서 이 문제를 완전히 극복하기까지는 글을 쓰지 않거나 읽지 않는 것이 최선이라고 판단했다.

2. 나의 독창적인 작풍과 나만의 개성을 가진 문체를 유지하기 위해서이다. 음악이든 미술이든 글이든 모든 예술과 창작은 그것이 아무리 좋은 작품이라고 하더라도 나름의 신선한 창의성이 없는 모방이라면 발전이 없고 죽은 것이다. 물론 작가들끼리 서로 영향을 전혀 주고받지 않을 수는 없고 이른바 思潮라는 것도 있지만, 작가 각자는 누구도 대신할 수 없는 자신만의 독특한 새로운 내용과 표현을 끊임없이 추구하여야 한다. 이것이 예술이 가지는 어려움이자 아름다움이다.

3. 비교하고 싶은 마음을 버리기 위해서이다. 다른 작가의 글을 읽다 보면 자꾸만 내 글과 비교하게 된다. 때로는 우월감을 느끼고 때로는 자신감을 잃는다. 좋지 않다. 나도 사람인지라 이 치명적인 본능에서 벗어나기가 어렵다. 하는 수없이 도를 통할 때까지는 다른 글 읽기를 자제하는 수밖에 없다.

4. 독자를 의식하는 글 쓰기를 하지 않기 위해서이다. 구독자 수를 의식하고 책이 많이 팔리기를 바라며 인기를 생각하다 보면 나도 모르게 독자의 비위를 맞추는 글을 쓰게 된다. 독자에게 외면받는 것이 좋은 것은 아니고 검증이 필

요한 것도 사실이지만 최소한 인기에 영합하여 작품성을 팽개치지는 않기 위해서다.

5. 무릇 삶이 그러하듯이 글을 쓰는 일은 원래 외롭고 괴롭고 힘이 들면서도 기쁘고 보람된 순간들의 연속이다. 다른 사람들의 격려와 응원에 기대고 거기서 힘을 얻을 생각은 처음부터 버려야 한다. 동료와 함께 갈 사람이 있으면 더욱 좋겠지만 그렇지 않더라도 또 그렇더라도 때로는 홀로 가야 할 때가 있음을 알고 그럴 용기와 힘을 기르고 실천해야 한다. 그래야 좋은 글과 삶을 만들 수 있고 언젠가 미련 없이 떠날 수 있기 때문이다.

* 그러면서도 나만의 독선에 빠지지 않도록 질책과 양해와 관심을 보내주시는 독자 분께 감사한다.

독자가 없으면 작가도 없다고 믿는다.

그리고 아무리 몸부림을 치더라도 나의 글이 다른 위대한 학자와 선지식과 작가들의 훌륭한 성과에 그저 한 줌의 새로움을 보태는 것일 뿐이라는 것, 그러기만 해도 영광이라는 것을 잘 알고 있다.

* 한편 정제되지 않은 생각을 마구 풀어낸다고 모두 글이 되는 것은 아니다.

진정 좋은 글은 좋은 삶과 경험과 연구와 숙고 속에서 자연스럽게 우러나와야 독자들과 더불어 공감과 깨우침과 감동과 희열을 나눌 수 있다. 그것은 억지 말장난이나 첨부 화상 등의 화려한 꾸밈으로는 절대 얻을 수 없는 영원한 예술적 진정성이며 그래야 사람이 사는 세상을 보다 평화롭고 의미 있게 만들 수 있는 것이다.

• 결국 글을 쓰고 또 읽는 행위는 일상이라는 모래밭에서 지혜와 진리라는 빛나는 보석을 발견해서 아름다운 외양으로 새롭게 창조해 내는 멋진 일이다.

아무나 누릴 수 없는 이 기쁨과 가치를 공유하는 작가와 독자가 되는 삶을 살 수 있는 것에 항상 감사한다.

지상낙원

카리브해 연안에 위치하여 파도가 잔잔하고 겨울에도 바닷물이 따스한 멕시코의 휴양도시 Cancun에 다녀왔다. 부정하고 싶었지만 그곳은 지상의 낙원이었다.

사실 나는 이런 리조트나 유람선 골프처럼 서민 대중이 즐기기엔 부담스럽게 돈이 많이 드는 소위 부르주아 취미에 대한 거부감이 있었다. 왜 그럴까?

그건 아마도 나와 대다수 내 세대의 가치관을 형성한 역사적 사회적 경험이 다음과 같기 때문일 것이다. [메타인지]

즉 2차 대전 승리의 주역이 되어 인류의 유사 이래 가장 풍요로운 경제력과 전 세계를 지배하는 군사력을 바탕으로 정치, 외교, 학문, 문화, 예술, 종교, 교육 등 모든 면에서 우월감을 가지고 낙관적 세계관을 전파하던 미국의 영향을 절대적으로 수용한 한국에서 태어나 그 막강한 힘의 원천이 되는 자본주의 체계와 그 배경이 된 과학적 실증주의, 이성적 합리주의, 자유와 인권을 이상적 기치로 내세우는 인본적 계몽주의 그리고 프로테스탄트의 복종 검약 성실을 절대선으로 하는 가치관을 학교에서 배우고 유교적 전통과 이상적 사회주의 이념을 살짝 맛보았기 때문일 것이다.

그 결과 '실용적 물질주의를 추구하지만 돈은 그 자체만으로는 행복을 보장하지 않는다'라고 믿으며 산업화와 민주화의 시대흐름에 편승한 한 역군이자 수혜자로서 근검 절약 성실을 몸으로 실천하며 평생을 살아온 나로서는 이성적으로나 감정적으로 쉽게 받아들일 수 없는 사실이었지만 이번에 평생 처음 '돈으로 행복을 살 수도 있다'는 것을 생생하게 체험했다.

그곳이 휴양지로 유명하다는 것은 알고 있었지만 한 장소에서 아무 일도 안 하면서 일주일을 보낸다는 것이 왠지 따분할 수도 있고 어쩌면 유흥과 타락의 장소일 것 같다는 선입견 때문에 망설여지기도 했지만 '쇼생크 탈출'같은 영

화에서 보듯이 수많은 사람들이 돈과 여유가 생기면 무조
건 남쪽 바닷가로 떠나는 것을 꿈으로 삼는 데는 뭔가 이유
가 있을 것이라는 호기심도 생기고 마침 일도 뜸해져서 거
금 3백만 원을 들여서 air canada vacation 패키지를 구
입했다. 예약을 할 때는 낭비가 아닌가라고 생각하기도 했
지만 막상 가서 왕복 비행기, 교통편과 7일간의 숙식이 모
두 포함된 가격인 것을 따져보면 그렇게 비싼 것 같지 않았
고 오히려 경제적인 선택이었다.

사실 나는 연천 휴전선 민통선에 있는 처가에 갈 때마다
전쟁 전에 이웃 마을에 살던 사람들이 체제가 달라졌다는
이유로 불과 수십 년 만에 이렇게 운명이 달라질 수 있는지
놀라웠고, 또 미국과 멕시코는 국경을 맞대고 있는데 사람
들의 삶이 이렇게 극명한 대조를 보이게 된 원인이 무엇일
까 궁금했기 때문에 미국과 멕시코를 실제로 방문해서 그
차이를 확인해보고 싶었다. 그래서 미국은 New York,
Texas, California(San Fransisco, Los Angeles, San
Diago), Washington (Seattle), Montana, Nevada(Las
Vegas), Utha 등 꽤 여러 곳을 방문해 보았지만 멕시코는
범죄가 너무 많아 위험하다고 하고 딱히 계기도 없어서 한
번도 가 보지를 못 하고 다만 생각만으로 그리스, 로마, 르
네상스 이태리, 영국, 미국 등 여타 모든 문명이 그러하듯
이 풍요와 번영의 밑바탕에는 자유와 공정이 있으며 빈곤

한 민중의 비참한 삶 뒤에는 무질서와 부패가 있지 않을까 짐작을 해볼 뿐이었다. 어디서나 사람들의 본성은 비슷하기에 누구나 욕심과 이기심이 있고 풍요롭게 잘 살고 싶은 마음은 마찬가지다. 하지만 그것을 조화롭고 평화적으로 정당하게 추구하도록 서로 견제하는 체제와 전통과 문화를 세워나가느냐 아니면 부정과 폭력과 무질서와 궤변으로 권력을 빼앗아 독점하는 자들이 판을 치느냐에 그 차이가 있을 것이다. 하지만 아쉽게도 이번 여행에서는 휴양지 밖을 나가는 일정은 하루 잠깐 뿐이라 이런 점들을 관찰할 기회는 거의 없었다.

아무튼 휴양지에 도착해 보니 너무나 편안하고 쾌적했으며 전혀 지루하지도 않았다. 멕시코식 이태리식 그리스식 양식 중식 일식 그리고 육식 해산물 빵 과일 디저트 테킬라 맥주 등 전 세계의 다양한 음식과 음료와 술이 언제라도 무한정으로 제공되었고 냉방시설이 갖추어진 숙소와 모든 시설은 종업원들이 수시로 청소와 관리를 해 주었다. 입구와 주변 곳곳에서 경비원이 안전을 보장하였으며 부드럽고 하얀 모래 위에 야자수 그늘이 시원한 해변에는 누워서 쉴 수 있는 평상이 깔려있고 해수욕뿐만 아니라 윈드 서핑 등 다양한 물놀이도 무료로 즐길 수 있었으며 양궁, 탁구 등 스포츠와 댄스파티를 즐길 수도 있고 밤에는 공연과 서커스 등 볼거리도 다양했다.

　손님들 대부분은 미국과 캐나다와 유럽에서 온 관광객들
이었고 모두 쾌활하고 여유 있고 예의를 지켰으며 추태를
부리거나 서로를 불편하게 하거나 눈살을 찌푸리게 하는
사람은 없었다. 그렇다고 크게 타락한 모습도 없고 건전한
가족 휴양지의 풍경이었다. 상상이 되는가? 신기하게도 술
이 무한 제공되는데 술 취한 사람이 없는 이곳이! 놀라웠다.
심야 한국 해변이나 한강변의 취객들이 보이는 추태와 비
교를 하지 않을 수 없었다. 한 우화에는 어떤 사람이 천국
과 지옥에 가보았는데 시설과 음식과 모든 것이 같았는데
다만 거기 있는 사람들만 서로 달라서 천국에서는 서로 화
목하게 나누고 지옥에서는 서로 빼앗고 해치며 악다구니
를 하더라는 것이다. 결국 천국도 지옥도 그 구성원이 만든

다는 점에서 시사하는 바가 크다. 하지만 사람의 근본이 다른 것은 아니다. 사실은 이것도 제도와 문화가 만든 것이다. 여기라고 술 취할 사람이 없겠는가? 다만 분위기상 혼자 추태를 부리면 창피하고 또 즉시 쫓겨난다는 것을 알기에 모두 자제를 하는 것이다.

아무튼 비록 이 모든 것이 가능하도록 하는 것은 그들의 돈이었고 멕시코 현지 직원들의 노고였지만 그러한 사실조차도 느껴지지 않을 정도로 모든 것이 원래 그런 것처럼 자연스러웠고 오히려 직원들은 덕분에 좋은 일자리를 가지게 되었다는 고마움을 친절로 보답하는 듯했다. 아마 예전 왕족이나 귀족들이나 지금의 큰 부자들이 하인들의 시중을 받으면서 편안하게 살아가는 데 익숙한 것이 이런 게 아닐까 싶었다.

이렇게 부촌과 관광 리조트 안의 한정된 장소 속에는 돈으로 산 지상낙원이 펼쳐져 있었지만 울타리 밖으로 나가니 가난한 멕시코 서민들의 삶이 있었다. 양철 지붕과 나무 기둥만 있고 담도 없는 허술한 단칸 오두막에 침대나 가구도 없이 해먹에서 잠을 자는 사람들, 농경지로 개간하지 않고 거의 버려져 있는 광활한 숲, 후덥지근한 기후 탓인지 일하는 사람은 거의 없고 어디를 가나 관광객 상대로 기념품을 파는 사람들만 보였다.

 물론 이것이 전부는 아닌 한 단면일 뿐이겠지만 적어도
지금 한국이나 미국 어느 곳에 가도 이런 무기력한 모습은
찾아볼 수 없는 것도 사실일 것이다. 백 년 전에 조선을 방
문한 비숍여사의 견문록에 이런 비슷한 심경을 토로한 내
용이 생각나서 비감하고 다행이라고 생각하며, 지금 선진
국민의 일원이 되어 이런 여행을 올 수 있게 된 내 운명과
그것을 기적적으로 이루게 한 한국 근대사의 주역들에게
감사했다.

 비록 단편적이고 짧은 일정이었지만 그래도 한 인간의 삶
의 질과 의미를 결정하는 데는 개인의 노력도 중요하지만
어떤 나라에서 어떤 환경에서 사느냐가 얼마나 더 큰 변수
인지 새삼 느낄 수 있는 소중한 여행이었다.

조금은 조심스러운 마음에 삼가며 지냈지만 지상낙원에서의 일주일이 즐겁고 편안했고 한 가지 남은 의문은 '과연 평생 이렇게 살아도 행복할 수 있을까?' 하는 점이었다. 사실 그럴 돈도 없겠만 설령 그럴 수 있다고 해도 아마 이것도 좀 지나면 지루하고 따분해져서 새로운 흥밋거리를 찾아 나서는 것이 인간의 본성일 것이다. 그러고 보니 10년 전 퇴임 후 모든 것을 정리하고 바닷가에서 하인을 부리며 살겠다고 필리핀으로 떠난 어떤 교장선생님 내외가 지금도 행복하게 사시는지 궁금해진다.

　인생을 행복하고 충실하게 살고 싶으면 젊어서는 사랑에 투자하고 장년에는 일에 투자하고 나이가 들면 새로운 경험에 투자를 하라는 말이 있다.(사실은 내가 만든 말이다.) 하지만 아이러니하게도 나는 팔자에 없는 여행을 업으로 살고 있다가 보니 여행에 대한 낭만적 기대 같은 것은 없어졌고 내가 지금 살아가는 곳 주변에서도 날마다 새로운 직간접적인 경험을 얼마든지 할 수 있다고 믿고 깨닫고 실천하고 있지만 그래도 가끔 한번 어제와 꼭 같은 오늘은 아닌 새로운 경험을 하고 느끼고 깨닫고 이렇게 나눈다는 점에서 이 돈과 시간이 낭비가 아니라 값진 투자였다고 생각한다.

전통

    로키산맥의 웅장한 산들 사이로 사스콰치안 강의 빙하수
맑은 물이 흐르는 분지에 자리 잡은 작은 관광도시 Jasper
에 가면 100년 된 우체국과 소방서 그리고 안내소가 있다.

소박한 목재 건물이지만 예전에 전화가 없을 때 쓰던 화
재 감시탑도 그대로 있고, 기울기가 급한 미늘형 지붕, 담

백한 추녀장식, 돌출창 등을 가진 빅토리아 풍의 건축양식
이라 옛 건물이 주는 고풍스러운 멋이 있다. 그런데 민속촌
에나 있을 법한 이 건물에서 여전히 우체국 영업을 하고 소
방차가 출동한다.

남쪽 Waterton 에는 100년 된 목조 호텔도 있다.

이러면 아마 '기껏 100년 가지고 뭘 그래? 우린 650년 된
무량수전도 있는데 '라고 생각할 분도 있겠지만 내가 주목
하는 것은 그 건축물의 수령이 아니라 그 전통의 계승 여부
이다. 한국에서는 전쟁과 서구 문물 유입에 의한 근대화 때
문에 단절되어 지금은 한옥에 사는 사람이 거의 없지만 여
기서는 현재 짓는 대부분의 집도 100년 전 건물과 그 구조

와 외관이 크게 다르지 않다. 심지어 기둥은 고대 그리스 양식이다. 즉 전통이 계승되고 있는 것이다.

건축물뿐만 아니라 옷이나 제도와 문화도 이들은 과거의 것이 자연스럽게 이어지고 점진적으로 변화하여 현재와 크게 이질적이지 않다. 그러다 보니 전통이 생활 속에 녹아 들어 있고 그에 대한 자부심과 믿음이 깊어서 우리처럼 굳이 전통을 되살리자는 인위적 노력을 할 필요가 없다.

그러다 보니 반대급부로 새로운 것이나 외부 문물을 받아들이는 것에 무관심하거나 부정적인 사람도 많다. 즉 캐나다 미국도 100년 전에는 선진 유럽에 비해 신흥국가였지만 이제는 전통이 안정적 기반이 되기도 하면서 반면에 변화 발전의 동기를 서서히 줄인 탓인지 전반적으로 역동성은 부족해 보인다. 하지만 한국 사회의 경쟁과 불확실성에 지친 사람들은 이들의 느린듯한 평온이 부럽기도 하다.

미국이나 유럽, 캐나다를 보면서 한국을 비교해 보면 마치 유복한 집의 천하태평인 자식과 불우한 집의 패기 넘치는 자식을 보는 것 같다. 어느 쪽이 더 행복하고 누가 종국에 더 성공할는지는 모를 일이다. 다만 한국도 무기력에 빠지지 말고 활기차면서도 지속가능한 성장을 계속해가기를 바란다.

　언제나 그랬듯이 변화와 적응과 소멸이라는 숙명을 안고, 한때 번성의 발판이었던 조건이 환경이 바뀌면 질곡의 족쇄가 되는 변증법적 모순을 가진 우주와 생명의 섭리 속에서, '안정과 변화 사이의 적절한 균형'이라는 그 영원한 인류 사회의 과제는 끝없이 이어진다.

공공재의 비극

일 때문에 자주 가는 스키 리조트가 있다. 오래전부터 화장실 세면대 수도꼭지가 부서져 있었다.

그런데 부서진 지 1년이 지나고 2년째 접어드는데도 불구하고 수리가 되지 않는다. 매일 점검표는 작성되고 있는데 어쩐 일일까?

아마 청소운영 담당은 시설관리 업무에는 관여하지 않나 보다. 그래도 총괄 지배인이 있을 텐데 왜 조치가 제 때 이루어지지 않는지 이해가 되지 않는다. 아무리 캐나다 시계는 더디게 가고 모든 것이 천천히 이루어지지만 이건 너무 심하다. 그래서 나는 이 수도꼭지가 언제 고쳐지는지를 유심히 지켜보고 있다.

물론 하나만 보고 모든 것을 판단하면 안 되지만 이것이 선진국 병에 걸려 권리를 누리며 놀기만 좋아하고 더 이상 진취적 경제활동이나 일을 열심히 하지 않는 캐나다의 보편적인 문제점을 반영하는 하나의 사례가 될 수 있다고 본다. (원래 경제 지표는 경제성장률과 인플레이션은 정의 상관관계가 성립하고 실업률은 역의 상관관계를 보여야 한다. 그리고 이자율과 설비 투자 및 소비증가는 성장률과 같이 가야지 정상이다. 그런데 최근 2023년 7월 캐나다의 경제통계는 GDP 연간 성장률 2.21%, 인플레이션 연 7.2%, 기준금리 5%, 제조업 PMI 49.6, 소비자 신뢰지수 46.9, GDP 대비 정부부채 비율 113[출처 Trading Economics]으로 성장은 안되고 전망도 좋지 않은데 물가만 오르는 전형적인 스테그플레이션 조짐을 보이며 반면 실업률은 5.5%로 거의 완전 고용에 가까운 기이한 현상이 나타나고 있다. 즉 실질적인 삶의 질은 떨어지고 있는데도 불구하고 의사나 교사 간호사마저 부족할 정도로 일할 사람은 없고 힘든 일은 기피하여 이민자와 계절 외국 노동자에게 의존한다는 의미이며 장기적인 전망도 어둡다고 해석할 수 있다. 다시 말해 그동안의 경제성장의 과실만 공짜 적자 복지로 누리면서 발전의 지속적 역량이 떨어지는 선진국 병이다.)

원래 캐나다는 무상 의료, 연금 등 사회보장과 복지가 잘되어있고 세율이 높고(개인 소득세율 33%, 법인세율 26.5%) 통신 에너지 교육 의료 대중교통 전기 수도 자동차 보험 등이 국유 공기업인 주도 많으며 노동 생산성이 떨어져서 거의 사회주의에 가깝다고 평가하는 사람도 있다. 그

나마 미국과 국경을 맞대고 경제적으로 긴밀하게 얽혀있어서 상당히 실용적인 면도 있지만 캐나다 사회가 은근히 보수적이고 관료적이어서 이것이 개인주의와 결합하면 모두가 현상유지와 보신주의에 빠져서 주어진 일만 처리하고 반면에 주도적으로 나서서 문제를 해결하고 개선하려는 사람은 없는 이런 암울한 풍조가 생길 수 있는 것이다.

좀 더 보편적인 평가를 위해 The Tragedy of the Commons (공유지의 비극)을 한 번 돌이켜보자. 이 말은 '모두에게 개방된 목초지가 있다면, 목동들이 자신의 사유지는 보전하고, 이 목초지에만 소를 방목해 곧 황폐해지고 말 것이다.'는 미국의 생태학자 개릿 하딘(Garrett Hardin)이 1968년 사이언스지에 기고한 짤막한 에세이인데 [출처 나무위키] 사회주의의 문제점을 잘 지적한 명문으로 많이 인용 회자되고 있다. 이 경고는 현대자본주의 사회에서는 공공재의 비극으로 주인 없는 공공기관과 정부조직의 방만한 운영이 전 국민의 피해로 돌아갈 수 있다는 의미가 된다.

아마 여기까지 보면 이것이 상당 부분 캐나다만의 문제가 아니라 한국이 직면한 문제이기도 하다고 느꼈을 것이다. 인기 위주 포퓰리즘 정책의 결과 누적적자 200조 원에 이르러 국가 경제에 부담을 주고 언젠가는 국민전체가 피해를 보게 될 한전 문제와 이번에 예산은 엉뚱하게 써버리고 준비는 부실하게 하여 국제 망신을 산 새만금 잼버리 사태는 공공재의 비극이 무엇인지 사회주의나 관료주의 포퓰리즘이 득세하면 어떤 일이 벌어질지를 실증적으로 잘 보여주었다. 결국 모든 정책 운영과 공공기관이 명분과 선전 선동만 요란하면서 실질적인 효율성은 떨어지고 규제와 낭비는 많아지고 책임지는 사람은 없으면서 공돈인 세금으로 흥청망청 잔치를 벌이는 부패한 공무원과 권력자가 득세하고 경제와 민생은 파탄에 이르게 될 것이다.

그러니 이번 사태를 계기로 그리고 캐나다의 사례를 타산지석으로 삼아 한국의 미래를 밝고 바른 방향으로 바로잡을 수 있기를 바라는 마음이 간절하다.

온정의 나라 스페인

스페인 단체 관광객을 처음으로 맞이하게 되었다. 일정표를 받아 드니 시작을 하기도 전에 바짝 긴장이 된다. 그도 그럴 것이 이번 일은 여러 가지 어려움이 예상되는 변수의 조합이다.

우선 내 경험상 서양사람들이 겉으로는 밝고 친절해도 세부적으로는 은근히 까다로운 면이 있다. 규정에 따라 합리적으로 일이 처리되기만 하면 억지를 부리는 경우가 거의 없이 화기애애하게 잘 지나가는데 세상 일이 어디 순리대로만 이루어지겠는가? 때로는 실수나 잘못이 있을 수도 있는데 그럴 때 이 사람들에게는 대충 얼버무리고 지나갈 수가 없다. 자신의 권리가 침해당하거나 규정에 어긋나는 것이 있으면 상냥하게 웃던 사람들이 갑자기 헐크로 변신해서 막 잡아먹을 듯이 지적하고 항의하고 시정과 배상을 요구한다. 아! 그래서 이 사람들이 트랜스포머나 스파이더맨 어벤저스를 좋아하나 보다. 평소엔 평범하고 양순한 시민이다가도 불의를 보면 괴력을 가진 슈퍼맨이 되는 그런 스토리의 주인공으로 착각하는 것 같다.

더욱이 이번 팀은 단체 교사 팀이다. 단체가 어려운 이유는 한 사람의 불만이 쉽게 전체의 불만으로 번지고 증폭되기 때문에 그 요구가 오해이거나 불합리하더라도 그냥 무시하거나 각개격파 하기가 어렵기 때문이다. 그래서 불평의 조짐이 있으면 미리 파악해서 선제적으로 대처하거나 여론 리더와 최대한 빨리 레포를 형성해서 의사소통의 길을 열어야 한다 그리고 교사들은 의사 변호사들과 더불어 원리원칙에 익숙하고 융통성이 없는 편이기 때문에 일정에 충실하고 언행을 좀 더 공손하게 하되 존중받고 있다는 느낌스러운 느낌을 티내지 않으면서 느낄 수 있도록 짜연스럽지만 과하지 않게 예의를 지키면서도 을의 비굴함을 드러내서 혹시라도 갑질을 한다는 불쾌한 기분이 들지않게 하면서도 교양인답게 고급스러운 유머로 흥겨운 분위기를 유지해야 한다. 핵핵…(노골적으로 특별대우와 아부를 요구하는 나랏돈 여행객보다 더 어렵다.)

다음은 16일간의 긴 일정이기 때문에 내가 가 보지 못한 구석진 곳까지 방문하기에 생각지도 못한 상황이 생길 수도 있고 그 한 번의 실수가 일정이 끝날 때까지 쉽게 사그라지지 않을 수도 있다.

어휴 세상 일에 쉬운 게 없다. 여기 까지만 생각해도 골치가 아프다. 아무튼 미리 방문지 자료와 정보를 찾고 'Buenos dí as' 등등 팔자에 없던 간단한 스페인어 인사도 외우고 첫날 아침 일찍 일을 나섰는데 아뿔싸! 시작부터 일이 터지기 시작한다.

회사에 도착하여 버스 문을 열려고 하니 주머니에 열쇠가 없다. 부랴부랴 집으로 돌아가보니 식탁 위에서 차 열쇠가 나를 빤히 쳐다보며 나의 경박함을 비웃고 있다. 어처구니 없게도 평소처럼 주머니에 두지 않고 잘 챙긴답시고 옷을 갈아입으면서 눈에 잘 뜨이는 곳에 꺼내 놓은 것이 오히려 사달이 난 것이다. 집에 다시 갔다가 오는 바람에 출발이 늦어져서 버스를 끌고 호텔 입구에 들어서자 손님들이 이미 나와서 기다리고 있었다. 당연히 표정이 밝지 않았다. 그래도 최대한 열심히 성실히 정성껏 과도하게 친절을 베풀어서 겨우 손님들의 미소를 이끌어내며 하루를 마무리 했는데

다음 날 아침에 식당에 내려가 보니 또 분위기가 좋지 않다. 상황 파악을 해보니 호텔 부설 식당의 종업원이 융통성이 없어서 단체 손님들 하나하나에게 계란의 완숙 정도와 셀러드 소스까지 세부적으로 주문을 받아서 요리를 하다 보니 기다리는 시간이 너무 길어지고 있었다. 게다가 스페인에서 동행한 가이드는 영어도 딸리고 빠릿빠릿하지가 않아서 문제해결을 못하고 우두커니 내 얼굴만 바라보고 있었다. 부랴부랴 내가 나서서 한국식으로 메뉴를 한 두 가지로 대충 통일해서 주문을 주방에 밀어 넣고 사태수습을 했다. 덕분에 조금은 점수를 만회하고 일정을 마쳤는데

다음 날 아침 식당에 내려가 보니 또 한 사람이 종업원과 실랑이를 하고 있다. 가족을 이끌고 온 은퇴한 교사인데 나이도 지긋하고 경력과 카리스마가 있어서 영향력이 있어 보이는 분이었다. 문제는 다른 단체 팀이 같은 호텔에 묵었는데 예약한 메뉴가 서로 엉켜버린 것이었다. 가이드는 아직 내려오지도 않아서 또 내가 교통정리를 했다. 사실 나는 모른 척 운전만 해도 되는데 이렇게 고생을 사서 하는 걸 보면 내 일중독은 고질병인가 보다. 그래도 덕분에 이 분의 가족들과 같은 테이블에 앉아서 통성명을 하고 좀 친해지기 시작했다.

그런데 정말 1 일 1 사건인지 다음 날엔 일행 중의 한 명이 산에서 다리를 다치는 바람에 일정이 예정보다 3시간이나 지연되었고 그러다 보니 엎친데 덮친 격으로 심야공사로 도로가 통제되어 호텔로 가는 길이 막히는 대사건이 벌어졌다. 가이드는 또 내 얼굴만 쳐다보고 있고 산 속이라 우회로도 없으니 아무런 대책이 없었다. 하는 수 없이 임시 변통으로 버스를 돌려 가장 가까운 호텔로 갔더니 휴가철이라 방 하나에 하룻밤에 80만 원이고 그나마 단체가 투숙하기에는 방도 부족했다. 버스에 올라가서 뒤쪽을 바라보니 이제는 가이드뿐만 아니라 모든 일행이 자리에 빼곡히 앉아서 눈을 말똥말똥 뜨고 내 처분만을 바란다는 듯이 나를 바라보고 있었다. 기가 막혔다. 예전에 교실에서 아이들을 바라볼 때와 소대장 시절에 소대원을 인솔할 때의 그 막중한 책임감이 되살아났다. 하는 수 없이 규정에는 어긋나지만 버스 안에서 비박을 하기로 했다. 여자는 호텔 로비에 각개 침투해서 화장실을 이용하고 남자는 드넓은 캐나다 자연 화장실을 쓰는 걸로 작전을 짜고 일정 간격으로 버스 히터를 틀어서 난방을 하고 각자 의자에 기대거나 엎드려서 길이 뚫릴 때까지 자기로 했다. 그리고 이 사실은 위법이고 계약위반이니까 (다음날 안전운전을 위해 운행이 끝나면 기사는 버스를 벗어나 적절한 숙소에서 8시간 이상 자야 하고 이 때 손님을 차 안에 남겨놓으면 안된다.) 모두 비밀을 지키기로 서약했다. (이런, 내가 지금 배신을 하고 있네?)

그래도 다행인 것은 이 정도면 왠만한 손님이면 가이드와 여행사에 항의하고 환불 소동이 나고도 남을 일인데 이 사람들은 그 불만을 터뜨리지 않고 불편을 참으면서 누가 잠꼬대를 하거나 방귀를 뀌면 키득키득 소리죽여 웃기도 하고 오히려 재미있는 추억으로 치부하는 것이었다. 그래서 나는 온정과 너그러운 마음을 가진 이 사람들이 좋아지기 시작했고 다음 날 새벽에 마침내 길이 열려서 버스가 호텔로 들어갈 때에는 모두 나에게 박수와 환호를 보내면서 나는 일약 30명의 스페인 팬을 가진 영웅이 되었다.

그 다음부터는 나와 일행은 낯선 타국의 기사와 손님이 아 닌 오랜 친구 같은 사이가 되어서 말이 통하지 않아도 손짓 발짓 표정으로 서로 챙겨주고 서툰 영어로 농담하고 장난 도 치고 연락처를 주고받고 집으로 기약없는 초청까지 하 게 되었고 마침내 마지막 날 공항에서 헤어질 때는 아쉬움 에 나를 얼싸안고 눈물을 흘리는 사람도 있었다.

이 일을 계기로 나는 열정적인 축구와 투우와 플라멩코의 나라 스페인 사람들이 마음속에는 한국의 동네 아저씨 아 줌마 같은 푸근한 정을 가진 사람들임을 알게 되었다.

또 사람의 진심과 정성은 (때로는 이용만 당하기도 하지 만 대게는) 나이와 국경과 인종과 문화를 초월하여 서로 통 한다는 사실을 감동적으로 느꼈고 그래서 나중에 생각해 도 미소가 절로 난다.